AF586430

JUSTIN CARTIER

BIBLIOTHÈQUE NATIONALE IMPRIMÉS R.F.

L'ÉDUCATION DE L'AVENIR

PARIS

LIBRAIRIE ANDRÉ SAGNIER, 9, RUE VIVIENNE

—

1876

L'ÉDUCATION DE L'AVENIR

I.

Nous nous trouvons actuellement en présence de deux systèmes violemment opposés et acharnés à se détruire. C'est toujours la rencontre de deux mondes inconciliables, quoi qu'on fasse : le monde ancien avec ses théories surannées, ses méthodes vieillies, ses tendances toujours rétrogrades ; le monde moderne, — ou plutôt, dans l'espèce, soi-disant moderne, — avec ses instincts de liberté, ses aspirations parfois généreuses, mais le plus souvent — il faut le dire — se parant d'un faux libéralisme. Nous voulons parler du combat qui va s'engager entre les tenants de l'enseignement clérical et ceux de l'enseignement laïque, de la concurrence que devra soutenir contre les nouvelles universités catholiques la vieille Université de France.

Mais celle-ci n'est elle-même rien autre chose qu'une église, qui impose ses doctrines avec non moins d'autorité que sa rivale, l'Église catholique. Comme cette dernière d'ailleurs, elle a ses dogmes — qui sont connus : un catéchisme à l'usage de ses fidèles, — ses programmes ; des sacrements à leur disposition, — les grades universitaires ; un grand séminaire, — l'école normale supérieure, et volontiers, comme l'autre, elle proclamerait sa propre infaillibilité. Or, dans l'hypothèse d'une issue prochaine, cet étrange tournoi de méthodes, déjà sur le retour depuis longtemps, tout intéressant qu'il soit pour la galerie, n'en condamne pas moins notre jeunesse des écoles à une déplorable alternative ; car, d'un côté comme de l'autre, c'est toujours la routine qui règne en maîtresse.

Les fruits de ces deux enseignements nous sont trop connus.

Dans les deux camps, on est généralement

d'une timidité excessive à l'endroit des innovations ; nous dirons plus, on en a comme une sainte horreur ; l'esprit de concession fait absolument défaut. Tandis que la science marche à pas immenses et que la philosophie, synthétisant les données de celle-ci, en proclame les résultats les plus élevés, l'Université, tout aussi bien que sa mortelle ennemie, reste stationnaire, se refuse obstinément à tout amendement dans ses doctrines.

Nous n'assombrissons point le tableau à loisir.

Elle persiste, disons-nous, dans ses anciens errements et fait bon marché des besoins intellectuels de la société qui l'entoure, besoins qui s'accroissent fatalement de jour en jour, à mesure que l'humanité grandit et se développe.

Nous ne parlons ici que de la nature de notre enseignement et, en particulier, de l'enseignement dispensé par l'Etat à la jeunesse de nos écoles secondaires.

Mais que devrions-nous dire de l'éducation ou plutôt de ce manque complet d'éducation que — trop souvent — l'on remarque chez les maîtres comme chez les élèves de nos établissements d'instruction publique, si ce n'est qu'en suivant les singulières traditions de nos lycées, en perpétuant leur système étrange, qui semble être aujourd'hui communément en vigueur, nous risquons fort de voir bientôt se perdre pour tout jamais cette qualité si précieuse, si éminemment française, cette exquise urbanité, que nous nous plaisons encore, malgré tout, à regarder comme un des caractères distinctifs de notre nation ?

En un mot, avons-nous besoin de le dire ? rien, de ce côté, ne satisfait aux légitimes exigences d'une société élégante et polie.

Et cependant voilà comme est traitée l'élite de notre jeunesse masculine.

II.

Il entre aussi dans notre cadre de toucher un mot de l'éducation et de l'enseignement des jeunes filles.

A peine échappées des mains de leurs nourrices, le plus souvent hélas! c'est l'Eglise qui s'en empare. Elle commence par fausser leur jugement en leur inculquant des doctrines qui ne sont qu'un tissu de contre-vérités manifestes et dont la seule profession semble aujourd'hui un défi à notre civilisation. Elle leur dira, par exemple, qu'il est un état supérieur à celui du mariage, — l'état de virginité. Elle leur dira qu'il suffit de prononcer certaines formules d'oraison pour changer le cours des événements. Elle leur dira bien d'autres choses encore ; mais nous n'aurions jamais fini, s'il les fallait toutes rappeler. Nous nous bornons ici à signaler à tous les esprits exempts de prévention ce déplorable mode d'enseignement, qui prévaut partout chez nous.

Avec tout ce fatras théologique dont on leur charge inutilement la mémoire, qu'apprennent-elles, en substance, de sérieux au couvent comme dans la pension ?

Quelques notions incomplètes de grammaire, d'arithmétique, de géographie, d'histoire plus ou moins falsifiée, — surtout de l'histoire sainte ou, pour mieux dire, de la légende, — voilà ce qui constitue — à peu de chose près — le fond commun de leurs connaissances littéraires et scientifiques. Ajoutez à cela un peu de couture, de musique ou de dessin, et vous aurez au complet tout le bagage de science qu'elles apportent dans la famille.

Une telle instruction est presque dérisoire.

Disons-le hautement, ce n'est point là l'instruction qu'il convient de donner à la femme, cette instruction dont elle a su se montrer digne toutes les fois qu'elle s'en est trouvée pourvue.

C'est dire que, de nos jours, la culture intellectuelle de la femme laisse tout autant à désirer que l'éducation des jeunes hommes.

L'on ne manque pas, nous le savons, d'arguer chaque fois de la prétendue incapacité intellectuelle des femmes.

Mais l'on sera toujours mal venu, croyons-nous, de prétendre que l'esprit féminin se refuse à toute tension laborieuse, et n'est point susceptible d'une application assez soutenue pour de sérieuses études, — quand les noms à jamais illustres des femmes auteurs de tout temps et de tout pays sont de glorieux témoignages du talent incontestable où sont arrivées celles qui, par hasard. se sont mêlées de penser et d'écrire.

Ces témoignages abondent, et ce sont là des preuves irréfragables de la haute valeur intellectuelle qui se peut révéler chez une femme.

Si Buffon a profondément raison, quand il affirme que « le style est l'homme même, » il ne serait pas moins vrai de dire de la femme ce que l'illustre écrivain a dit de l'homme, à savoir qu'elle se caractérise d'une façon merveilleuse dans son style.

Il se dégage du style des femmes comme de leur conversation un certain parfum du sexe qui plaît infiniment aux esprits délicats et sensibles. Il est un contraste frappant entre le style des hommes et celui des femmes : le premier est guindé, maniéré, pédant ; le charme exquis du second naît d'une nonchalance gracieuse et pleine d'attraits enchanteurs, cela coule comme l'eau d'une claire fontaine, la pensée qui se développe sans embarras ni gène est rendue avec une limpidité parfaite. Parfois la langue se refuse à l'expression de l'idée et un mot est forgé, mais avec tant de bon goût qu'il est impossible, même au plus sévère, de ne pas pardonner le néologisme.

Les hommes, quoi qu'ils fassent, quelque talent d'écrire ou de parler qu'ils puissent avoir, n'atteignent jamais à cette forme naturelle qui est l'idéal du langage ; car, s'il ne se trouve point là, cet idéal, où réside-t-il donc ?

Après cela, qu'on ne s'imagine point que

nous déduisons de là qu'il faille élever la femme à un rang pour lequel la nature ne l'a point faite. Non. La place de la femme n'est ni à la tribune ni au forum, mais au foyer. Cependant, gardons-nous de réduire son rôle à celui d'une simple femme de ménage ; elle ne doit être étrangère ni aux beaux-arts ni aux belles-lettres, ni à la science, ni à tout ce qui fait chérir la vie. Mais loin d'elle la philosophie et ses aigres disputes, la politique et ses brûlants débats. Elle doit remplir son intérieur des charmes de sa personne et de son esprit : elle n'est point faite pour l'irriter par d'orageuses discussions. C'est à elle, au contraire, de les calmer, s'il s'en produit.

Quant à la femme citoyenne, à la femme libre-penseuse, c'est là, nous semble-t-il, une conception monstrueuse qui n'a pu germer que dans les cerveaux d'utopistes insensés.

Aussi nous donnerons-nous de garde de tomber dans l'ornière de la revendication des droits civiques et politiques de la femme.

Ce n'est donc point ici un plaidoyer en faveur de l'émancipation des femmes.

Nous tenons à le déclarer formellement avant

d'entrer dans le vif de notre sujet, pour éviter tout malentendu entre nous et le lecteur. De cette façon, croyons-nous, l'on ne saurait se méprendre sur la nature des sentiments qui nous ont guidé dans cette recherche du meilleur mode d'éducation.

Ceci dit, exposons ce qui nous reste à dire et tâchons de le présenter sous la forme la moins paradoxale.

III.

On a jusqu'alors regardé comme un danger pour la morale la promiscuité des sexes dans les écoles. Les garçons et les filles semblent devoir être rangés en deux catégories bien distinctes. Ce sont deux espèces d'êtres appelés à des rôles si différents, que leur éducation et leur instruction ne doivent avoir rien de commun. Ils resteront étrangers l'un à l'autre, jusqu'à ce qu'un jour ils aient été unis pour la vie. Alors, mais alors seulement, ils auront tout loisir de se connaître.

Ce programme est, en général, assez fidèlement suivi.

Pour le peuple proprement dit, — les artisans des villes et des campagnes, — il en va bien autrement. Mais ce que nous disons regarde surtout la classe aisée, — la bourgeoisie, — où les rapports entre jeunes gens des deux sexes se résument d'ordinaire dans l'échange de ce qu'on appelle volontiers les banalités d'usage.

Les jeunes hommes, eux, s'accommodent assez de ces mœurs bourgeoises : ils se dédommageront ou du moins prétendront se dédommager amplement de ce qu'elles peuvent avoir de désavantageux à leur égard, en se commettant sans vergogne dans la société des innombrables hétaïres qui les attendent.

Quant aux jeunes filles, — confinées dans une étroite sphère, absorbées qu'elles sont par l'observation scrupuleuse d'une multitude de petites pratiques et de formalités plus ou moins vulgaires, elles ne connaîtront du monde que des dehors, souvent trompeurs, et le cœur humain restera pour elles comme un monolithe dont les hiéroglyphes leur seront à jamais indéchiffrables.

C'est ainsi qu'elles sont préparées à remplir un jour le rôle d'institutrice du genre humain, — ce rôle si noble et si difficile tout à la fois que leur a dévolu la nature. Et on les croira — presque au sortir du couvent ou de la pension — armées de pied en cap pour affronter les terribles charges de la maternité ; on leur supposera alors une suffisante expérience pour élever des enfants dont les uns seront plus tard des hommes.

Nous estimons qu'une telle vie cloîtrée ne peut porter les fruits qu'on est en droit d'attendre d'une habile éducation.

Telles ne sont point les mœurs de nos voisins les Anglais.

Chez eux, rien n'est plus commun, on le sait. que de voir les jeunes filles se mêler aux jeunes hommes, partager les jeux et les travaux de ces derniers.

Rien ne paraîtrait plus étrange chez nous.

Affaire de climat. dira-t-on.

Affaire d'habitude, répondrons-nous. Car la France jouit d'un privilége remarquable : elle n'est pour ainsi dire ni du nord ni du midi. elle occupe une position quasi-intermédiaire, et conséquemment il lui est aussi facile d'obéir aux influences du nord qu'à celles du midi, aussi facile de s'inspirer de l'Angleterre ou de l'Allemagne que de l'Espagne ou de l'Italie ; aussi facile, en un mot, de prendre les habitudes viriles de la liberté que les habitudes honteuses de la servitude. Ses mœurs ne sont pas déterminées par les circonstances climatériques ; elles seront ce qu'elle-même décidera qu'elles soient. Elle conserve ainsi une liberté morale absolue.

Que notre pays profite donc de ses inappréciables avantages, en se pénétrant bien de ceci, c'est qu'en suivant les coutumes du midi, il s'affaiblit et se dégrade ; en suivant celles du nord, il se fortifiera et aura toutes chances de se relever.

Voyez l'Angleterre. Les mœurs de la jeunesse y sont incomparablement meilleures que chez nous, parce que, dans la classe aisée comme ailleurs, les jeunes gens des deux sexes se voient, se connaissent et apprennent à s'estimer. Or, les choses étant de la sorte, pourquoi donc, nous nous le demandons, les jeunes hommes iraient-ils, en dehors d'une vie régulière, chercher des distractions dans des milieux interlopes ? Ils n'en n'ont que faire, et ils sauront toujours, guidés par leur bon sens proverbial, préférer le commerce agréable et tout honorable des filles de famille à la fréquentation malsaine et déshonorante des filles de joie.

Pourquoi n'en est-il point de même chez nous? Parce que cette liberté d'allures, accordée chez nos voisins d'Outre-Manche aux jeunes hommes et aux jeunes filles, n'est pas de mise chez nous, parce que enfin — de ce côté-ci du détroit — ceux-ci ne se voient ni se connaissent.

Or, nous dirons aux ennemis de la liberté de la jeunesse : Eh bien, persistez dans ces errements, conservez ces entraves, unissez-leur l'indissolubilité du mariage, faites d'une union parfaite un simple jeu du hazard. Mais sachez alors ce que pensent, mais ce que n'osent dire tout haut, nombre de jeunes hommes.

Si on a une maitresse, c'est qu'un jour on s'est rencontré, on s'est mutuellement plu, et finalement juré un éternel amour, mais qui vivra ce qui vivent les roses ; car, c'est une loi de nature, tout finit vite ici-bas Celle-ci vous a plu, c'est-à-dire que, si vous êtes artiste, amateur du beau, cette créature semblait réaliser un type idéal de beauté que vous aviez conçu ; si vous êtes poëte, par son air méditatif, son esprit semblait hanter, comme le vôtre, les régions éthérées de la cime du Parnasse : si vous êtes musicien, comme vous elle avait la passion de l'harmonie, ou sa voix était celle d'une sirène, ou ses doigts tiraient les sons les plus mélodieux de la guitare ou de la mandoline. Ainsi, c'est une certaine conformité de goûts, une certaine communauté de sentiments qui vous a rapproché l'un de l'autre, et pas autre chose.

Il n'en va pas de même pour ce qui regarde l'action de prendre une femme légitime, c'est-à-dire de se marier.

L'usage, comme disent les pédants, conforme en cela à la saine raison, veut, dans l'intérêt de la morale, que les parties contractantes soient mises en rapport par des tiers. Ils n'admettent point les *a parte*. C'est là, selon les Brid'oisons, un procédé du dernier commun.

La fo-orme, avant tout. Sacrifions le bonheur de notre existence à la forme. Hors d'elle, point de salut.

O bélîtres de pédants !

Ainsi donc, nous sommes unis pour la vie, sans retour, et nous ne nous connaissons point. Le lendemain du mariage seulement, — tandis que ce devrait être la veille, — nous nous étudions, et si nos caractères sont conformés de telle sorte qu'ils ne puissent pas s'accorder, alors que faire? Nous nous en allons chacun de notre côté, nous nous trompons réciproquement, et voilà le droit de tromper érigé, et voilà l'immoralité en permanence !

Ces arguments sont spécieux.

Oui, certes, nous aurions mauvaise grâce à ne point confesser qu'ils ont aujourd'hui quelque apparence de fondement. Quoi qu'il en soit, c'est ainsi que, le plus souvent, l'on prête à ses débordements un faux air de sentimentalisme.

Voilà le jeu dévoilé de nos philosophes de pacotille.

Sous le manteau philosophique, que de choses ne font-ils passer !

Toutefois, le fait est patent : quantité de jeunes hommes se trouvent éloignés de la vie de famille, et ils donnent pour prétexte à leur conduite — ou plutôt, devrions-nous dire, à leur absence de toute conduite — l'état actuel du mariage, qui n'est, suivant eux, qu'une *prison* qu'ils savent n'être pas toujours dorée.

Dans tous les cas, s'ils se réconcilent avec

l'idée du mariage, soyez certain que ce ne sera qu'assez tard, après avoir épuisé jusqu'à la lie la coupe du plaisir, et souvent n'ayant plus à offrir à leur épouse qu'un corps flétri, usé par la débauche.

Les pères et les mères préféreront-ils longtemps encore servir à leurs filles les restes des courtisanes plutôt que d'adopter un système d'éducation, entièrement opposé à celui qui est actuellement pratiqué, et qui consisterait à rapprocher, — en observant, bien entendu, les mesures de prudence élémentaires, — les deux sexes qu'il était d'usage jusqu'alors d'éloigner.

A eux de prononcer.

Quant à nous, nous concevons la mise en en pratique d'une méthode d'éducation et d'enseignement absolument nouvelle, et devant satisfaire, croyons-nous, dans une mesure plus large aux exigences de notre société actuelle, devant répondre, d'une façon plus précise, aux besoins d'une civilisation aussi avancée que la nôtre.

IV

Une maison d'éducation devant plus particulièrement convenir à des jeunes gens de bonne famille et destinée à réunir les deux sexes, pour leur donner — autant que possible — une même instruction ; une école mixte où les leçons et les récréations seraient prises en commun, et où ces dernières consisteraient, le matin, surtout dans les beaux jours, en promenades à cheval dans la campagne, en haltes dans les fermes ou dans quelque autre endroit favorable, les soirs d'hiver principalement, en réunions générales dans un grand salon commun, en conversations dirigées le plus souvent, dans un sens instructif, ayant pour but d'apprendre aux jeunes gens à converser avec aisance et agrément, de les rompre aux usages de la bonne compagnie ; une pension où les repas n'y seraient point considérés comme une simple déglutition rapide et silencieuse, et où les convives n'y chercheraient point, comme ailleurs, à avaler le plus possible et dans le moins de temps possible ; une institution ne laissant rien à désirer, ni sous le rapport matériel, ni sous celui de la surveillance ; des maîtres se rappelant, avant tout, le mot spirituel et profond de l'immortel auteur de Faust, Gœthe, qui dit « que l'école publique de notre temps est semblable à un homme qui, pendant un siècle, parlerait à lui-même et s'estimerait tout heureux dans cet état singulier, » s'appliquant à profiter de cette juste critique, en accordant dans le programme de leur enseignement la place que réclament l'étude des langues vivantes et celle des choses de notre temps ; une telle maison, de tels maîtres seraient évidemment tout le contraire de ce qui s'offre actuellement à nos regards.

Tel est cependant le mode d'éducation qui nous semblerait aujourd'hui le plus en harmonie avec les besoins, sinon de la généralité, du moins d'une notable partie de notre société française.

Quant aux conséquences d'un tel système d'éducation, elles sont faciles à déduire.

Bornons-nous à indiquer comme résultats les plus immédiats : pour les jeunes gens, plus d'aménité dans le caractère, plus de douceur dans les mœurs, une politesse dans les manières et le langage inconnue chez eux jusqu'alors, des études et un genre de vie plus conformes à notre état de civilisation actuel ; pour les jeunes filles, une science de la vie plus profonde, une force morale plus grande, et, partant, des ressources réelles pour se mettre en garde contre toute surprise du cœur, une culture intellectuelle plus soignée ; enfin, pour les uns et les autres, une existence plus variée et l'apprentissage de la vie fait tout de bonne heure.

Il nous suffit, pour le moment, de signaler un vice et d'indiquer un remède. Nous avons simplement voulu présenter au public une idée qui, nous l'espérons, fera son chemin. Nous ne nous sommes point proposés d'entrer dans les détails de son application, nous réservant d'ailleurs de revenir sur notre sujet dans une prochaine publication et de le traiter au point de vue essentiellement pratique.

Bien des raisons font aujourd'hui que l'attention publique se trouve particulièrement sollicitée vers l'étude des questions qui ont trait à l'éducation de la jeunesse.

Nous avons cédé à cet entraînement général et soumis humblement à tous ceux qui se préoccupent d'un si grave sujet nos plus intimes, et, pourrions-nous dire, nos plus chères pensées.

L'idée que nous venons d'exprimer semblera peut-être paradoxale.

Dans tous les cas, il n'est pas douteux qu'elle ne doive rencontrer de nombreux adversaires. Mais leurs critiques, nous nous plaisons à les provoquer, convaincus que nous sommes que les luttes de ce genre ne sont jamais stériles.

Nous ne nous flattons pas de voir se réaliser dans un avenir prochain ce que nous pourrions appeler notre chimère.

Mais en publiant ici notre pensée, en même temps que nous avons usé d'un droit, nous avons la conscience d'avoir accompli un devoir.

J-N C-R.

Chartres. — Imprimerie Durand frères.

www.ingramcontent.com/pod-product-compliance
Lightning Source LLC
LaVergne TN
LVHW052024160826
845678LV00003B/1195

* 9 7 8 2 3 2 9 6 3 6 4 2 9 *